Impressum
Verlag: BABADADA GmbH, Nedderfeld 112 , 22529 Hamburg
Geschäftsführer / Verlagsleitung: Harald Hof
Druck: Books on Demand GmbH, In de Tarpen 42, 22848 Norderstedt

Imprint
Publisher: BABADADA GmbH, Nedderfeld 112 , 22529 Hamburg, Germany
Managing Director / Publishing direction: Harald Hof
Print: Books on Demand GmbH, In de Tarpen 42, 22848 Norderstedt

ikigo c' amashure
école

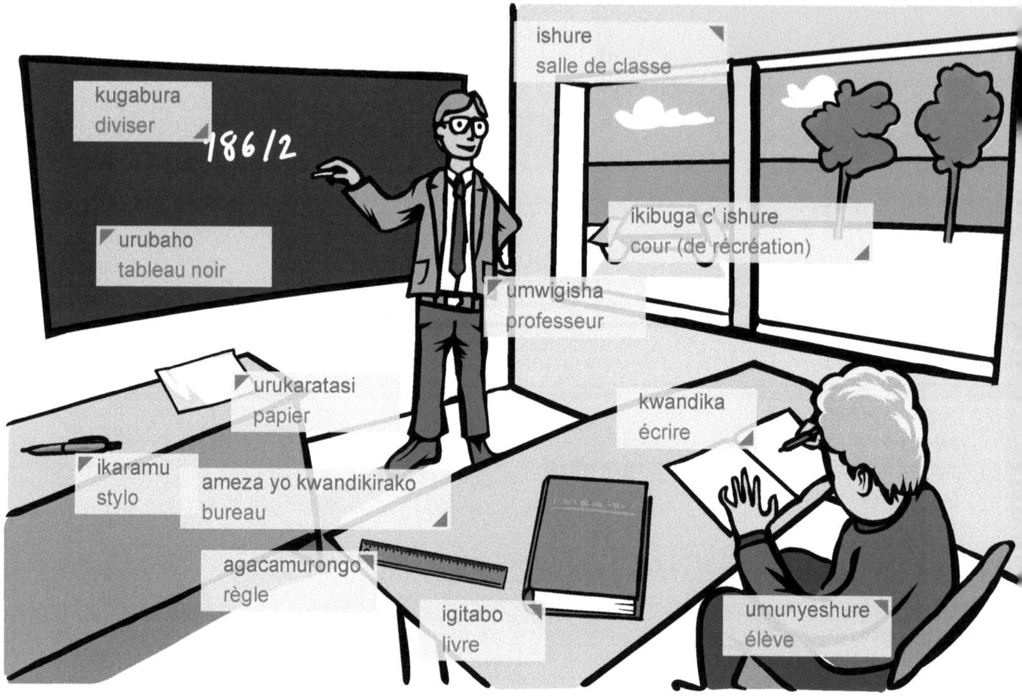
ishure
salle de classe
kugabura
diviser
186/2
urubaho
tableau noir
ikibuga c' ishure
cour (de récréation)
umwigisha
professeur
urukaratasi
papier
kwandika
écrire
ikaramu
stylo
ameza yo kwandikirako
bureau
agacamurongo
règle
igitabo
livre
umunyeshure
élève

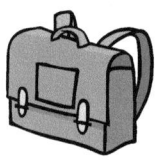

isakoshi y'' ishure

cartable

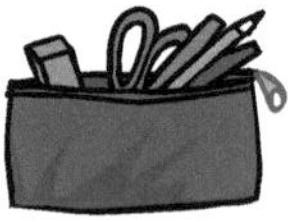

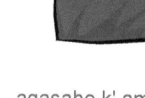

agasaho k' amakaramu

trousse

ikaramu y igiti

crayon

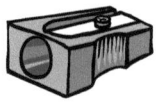

agasongozo k ikaramu y igiti

taille-crayon

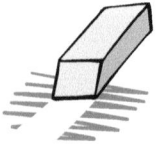

igome

gomme

ikaye yo gucapamwo

carnet à dessin

igicapo

dessin

ikaramu bacapisha irangi

pinceau

agasandugu kamabara

boîte de peinture

imikasi

ciseaux

kore

colle

ikaye y' imyimenyerezo

cahier d'exercices

myimenyerezo yo muhira

devoirs

igiharuro

chiffre

guteranya

additionner

gukuramwo

soustraire

kugwiza

multiplier

guharura

calculer

urudome

lettre

indome

alphabet

ijambo

mot

ikigo c' amashure - école 3

igisomwa

texte

gusoma

lire

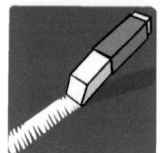

ingwa

craie

icigwa

leçon

igitabo c' ishure

livre de classe

ikibazo

examen

impamyabushobozi

certificat

impuzu y' ishure

uniforme scolaire

kwiga

formation

kazinduzi

lexique

kaminuza

université

mikorosikopi

microscope

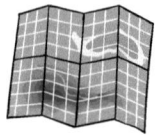

ikarata

carte

agaseke bajugunyamo
amakaratasi

corbeille à papier

urugendo
voyage

ihoteli
hôtel
Grand
ihoteli ntoya
auberge
ku bavunjayi
bureau de change
isandugu
valise
umuduga
voiture

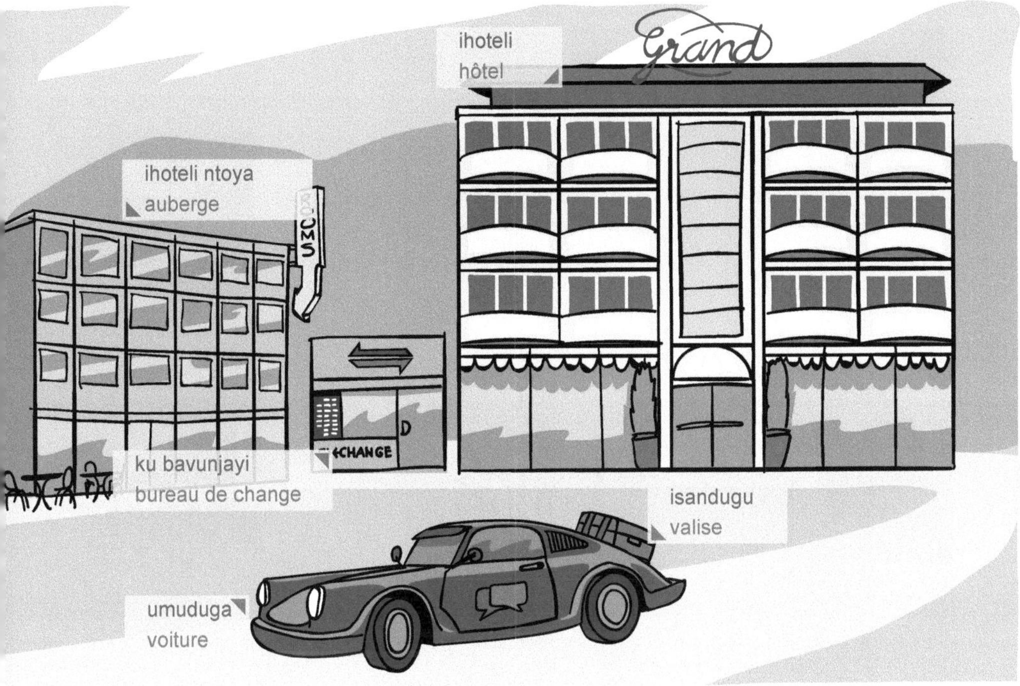

ururimi
langue

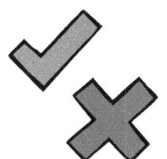

ego / oya
oui / non

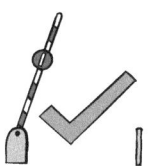

ego
d'accord

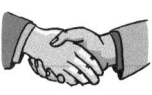

amahoro!
Salut

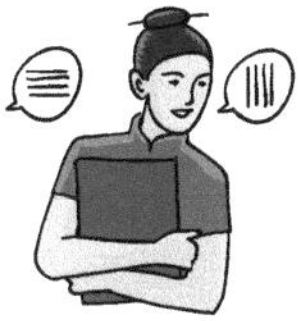

umuntu asigura
interprète

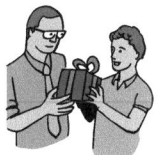

ndashimye
merci

ni angahe?

Combien coûte...?

sindabitahura

Je ne comprends pas

ingorane

problème

mwiriwe!

Bonsoir !

mwaramutse

Bonjour !

ijoro ryiza!

Bonne nuit !

nakagaruka

Au revoir

inzira

direction

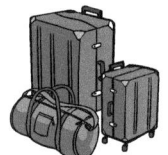

imizigo

bagages

igapo

sac

isaho baheka mu mugongo

sac-à-dos

umushitsi

hôte

icumba

pièce

umufuko wo kuraramo mu rugendo

sac de couchage

ihema

tente

kumenyesha ingenzi

office de tourisme

ku musenyi

plage

ikarata y' amahera

carte de crédit

ifunguro rya mugatondo

petit-déjeuner

ifunguro ryo ku murango

déjeuner

ifunguro ry 'ijoro

dîner

itike

billet

ingazi y' umuyagankuba

ascenseur

umukono

timbre

umupaka

frontière

duwane

douane

ubuserukizi bw' igihugu

ambassade

viza

visa

pasiporo

passeport

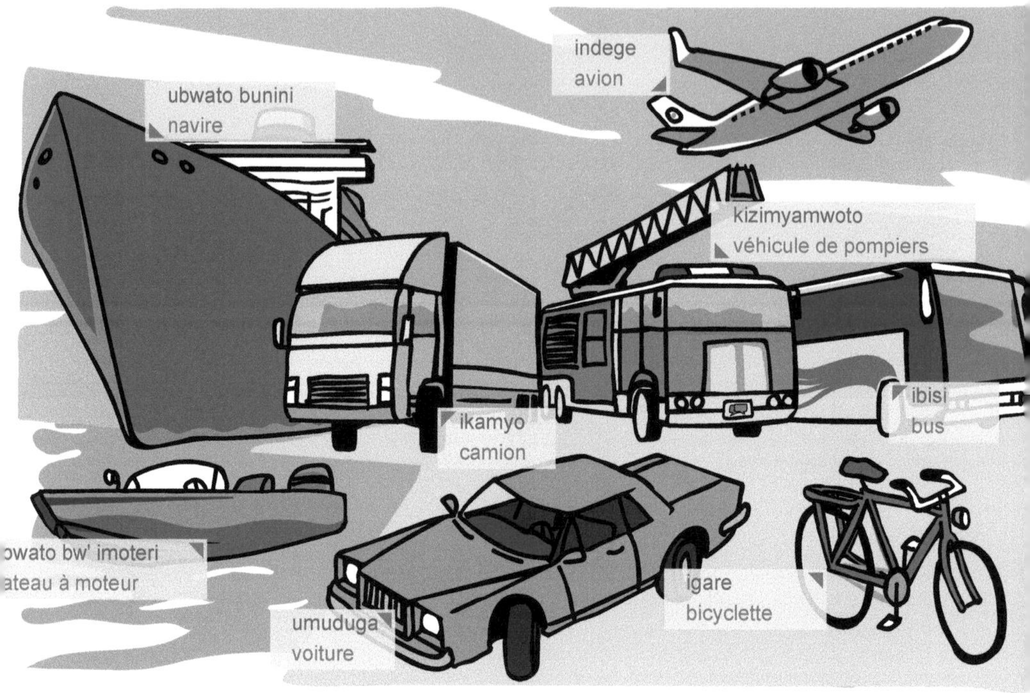

indege
avion

ubwato bunini
navire

kizimyamwoto
véhicule de pompiers

ikamyo
camion

ibisi
bus

owato bw' imoteri
ateau à moteur

umuduga
voiture

igare
bicyclette

ubwato bunini

ferry

ubwato

barque

ipikipiki

moto

umuduga w' igipolisi

voiture de police

umuduga wa kuruse

voiture de course

umuduga bakodesha

voiture de location

gukoresha imodoka imwe muri benshi

auto-partage

uruduga ruheka izindi

voiture de remorquage

umuduga utwara umucafu

benne à ordures

imoteri

moteur

igitoro

essence

ubunywero bw'ibitoro

station d'essence

irango vyo ku mabarabara

panneau indicateur

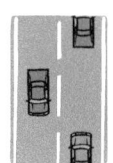

uruja n' uruza

trafic

akajagari k' imiduga mw' ibarabara

embouteillage

igituro c' imiduga

parking

igituro ca gari ya moshi

gare

ibarabara rya gari ya moshi

rails

gari ya moshi

train

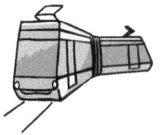

gari ya moshi bita tram

tramway

igipande ca gari ya moshi

wagon

kajugujugu

hélicoptère

ikibuga c' indege

aéroport

umunara

tour

ingenzi

passager

konteneri

conteneur

ikarato

carton

isharete

chariot

icibo

corbeille

kuguruka / kugwa

décoller / atterrir

igisagara

ville

umutumba

village

hagati mu gisagara

centre-ville

inzu

maison

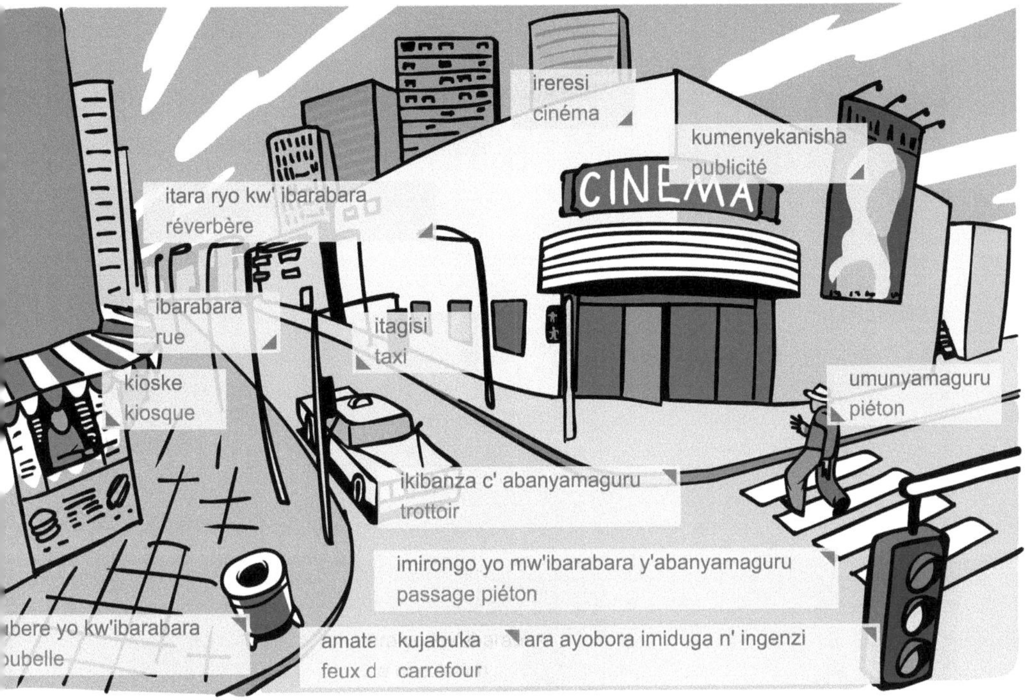

ireresi
cinéma

kumenyekanisha
publicité

itara ryo kw' ibarabara
réverbère

CINEMA

ibarabara
rue

itagisi
taxi

umunyamaguru
piéton

kioske
kiosque

ikibanza c' abanyamaguru
trottoir

imirongo yo mw'ibarabara y'abanyamaguru
passage piéton

ibere yo kw'ibarabara
poubelle

amata kujabuka ara ayobora imiduga n' ingenzi
feux d carrefour

akazu k' ikirundi

cabane

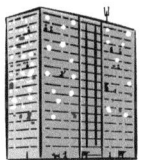

aparitema

appartement

igituro ca gari ya moshi

gare

meri

mairie

iratiro ry' ivyakera

musée

ikigo c' amashure

école

kaminuza

université

ibanki

banque

ibitaro

hôpital

ihoteli

hôtel

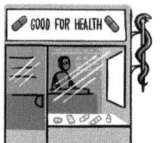

farumasi

pharmacie

ibiro

bureau

aho badandaza ibitabo

librairie

akaduka

magasin

umudandaza w'amashugwe

fleuriste

supermarshe

supermarché

isoko

marché

iduka

grand magasin

umudandaza w' amafi

poissonnerie

ihuriro ry'amaduka

centre commercial

ikivuko

port

ikibanza batemberamwo

parc

intebe ndende

banque

ikiraro

pont

ingazi

escaliers

gari ya moshi bita métro

métro

ibarara ry' indani y' isi

tunnel

igituro c' amabisi

arrêt de bus

ubunywero

bar

resitora

restaurant

ahaja amakete

boîte à lettres

ikirango co kw' ibarabara

panneau indicateur

isaha yo ku gituro c' imiduga

parcmètre

iratiro ry' ibikoko

zoo

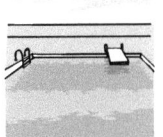

pisine

piscine

umusigiti

mosquée

ubwororero

ferme

konona ibidukikije

pollution

akaburi

cimetière

kw'isengero

église

ikibuga

aire de jeux

inyubako za kera bita temple

temple

imisozi

paysage

ikibabi
feuille

ivyapa
panneau indicateur

inzira
chemin

ubwatsi bita gazon
pré

ibuye
pierre

umuntu atembera kure n' amaguru
randonneur

igiti
arbre

uruzi
rivière

ubwatsi
herbe

ishugwe
fleur

ikiyaya

vallée

umusozi

montagne

ikiyaga

lac

ishamba

forêt

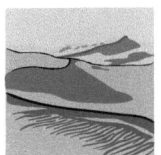

ubugaragwa

désert

ikirunga

volcan

ishato

château

umunywamazi

arc-en-ciel

ikizinu

champignon

ikigazi

palmier

umubu

moustique

isazi

mouche

urutozi

fourmis

uruyuki

abeille

igitangurigwa

araignée

agakoko gato bita
coléoptère
....
coléoptère

igikere
....
grenouille

agakoko bita écureuil
....
écureuil

ikinyogote
....
hérisson

urukwavu
....
lièvre

igihuna
....
chouette

inyoni
....
oiseau

imbata
....
cygne

ingurube y' ishamba
....
sanglier

idubu
....
cerf

igikoko bita élan
....
élan

urugomero
....
barrage

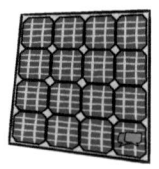

icuma gitanga
umuyagankuba
....
éolienne

ikimuri c' imishwarara
....
panneau solaire

igihe
....
climat

resitora
restaurant

umukozi wo muburiro n'ubunywero
serveur
ikarata y' indya
menu
intebe
chaise
isupu
soupe
piza
pizza
ibikoresho vyo kumeza
couverts
igitambara c' ameza
nappe

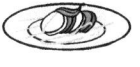

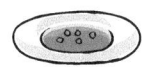

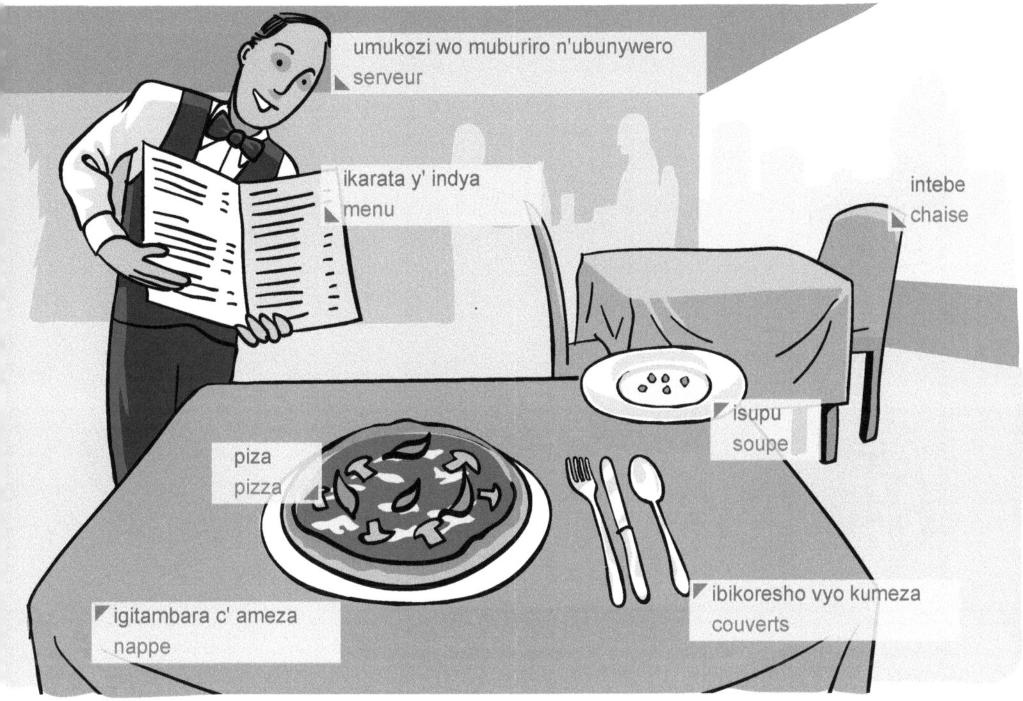

indya y' ibanze
hors d'œuvre

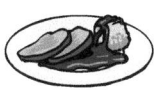

indya nkuru
plat principal

deseri
dessert

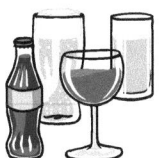

inyobwa
boissons

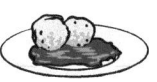

infungugwa
alimentation

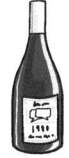

icupa
bouteille

infungugwa batekanye ingoga

fast-food

Infungugwa barya bagenda

plats à emporter

ibirika y' icayi

théière

agakopo k' isukari

sucrier

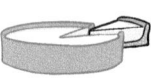

igipande c' indya

portion

imachini ikora espresso

machine à expresso

intebe ndende

chaise haute

inyemazabuguzi

facture

ako batwarako infungugwa

plateau

imbugita yo kumeza

couteau

ikanya

fourchette

ikiyiko

cuillère

akayiko k' icayi

cuillère à thé

seriviyeti

serviette

ikirahuri

verre

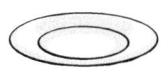

isahani

assiette

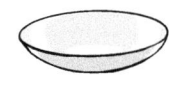

isahani y' isupu

assiette à soupe

isutasi

soucoupe

isosi

sauce

akanyanyagiza umunyu ku ndya

salière

agasya ipiripiri

moulin à poivre

vinaigre

vinaigre

amavuta

huile

indyoshandya

épices

kecapu

ketchup

mutaride

moutarde

mayoneze

mayonnaise

supermarshe
supermarché

ivyagabanyijwe igiciro
offre promotionnelle
FOR
umuguzi
client
ibiva ku mata
produits laitiers
icamwa
fruits
agakinga ko mw' iduka
chariot

BUTCHERS

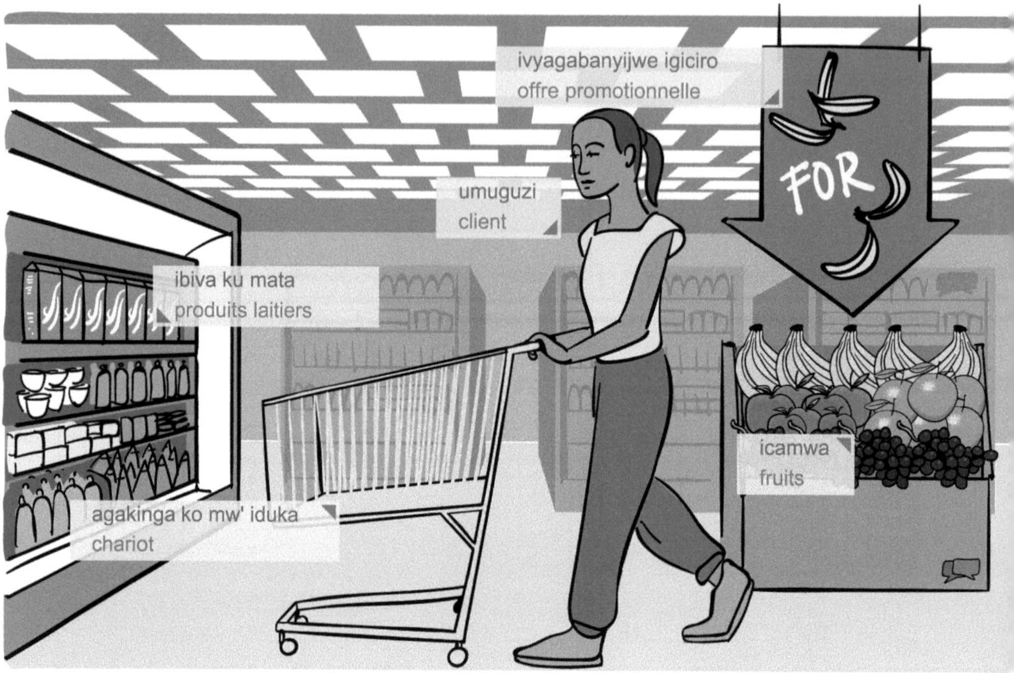

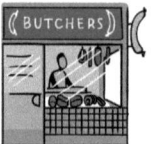

amacuniro

boucherie

BAKERY

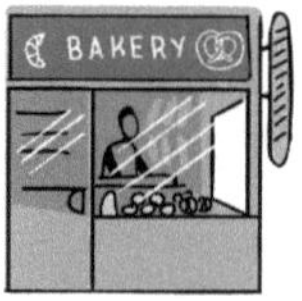

iburangeri

boulangerie

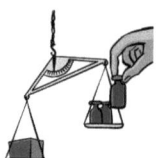

gupima

peser

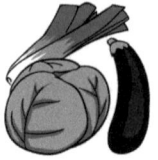

imboga

légumes

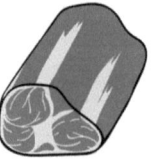

inyama

viande

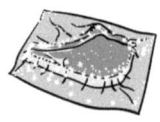

Imfungurwa zikanye cane

aliments surgelés

fungugwa bita charcuterie
en tranches
charcuterie

amafunguro yo mu
mabwate
conserves

isabune yo kumesura
poudre à lessive

ibisosa
bonbons

ibikoresho vyo muhira
articles ménagers

ibikoresho vy'isuku
détergents

umudandaza
vendeuse

kese
caisse

umuntu yakira amahera
caissier

urutonde rw' ibidandazwa
liste d'achats

amasaha yo kugurura
heures d'ouverture

ingodomoni
portefeuille

ikarata y' amahera
carte de crédit

isakoshe
sac

ishakoshe ya parastike
sac en plastique

amazi

eau

umutobe

jus de fruit

amata

lait

koka

coca

umuvinyo

vin

ikiyeri

bière

inzoga

alcool

kakao

chocolat chaud

icayi

thé

ikawa

café

ikawa yitwa espresso

expresso

ikawa yitwa kapucino

cappuccino

umuhwi

banane

ipome

pomme

umucungwe

orange

icamwa bita melon

melon

indimu

citron

ikaroti

carotte

igitungurusumu

ail

umugano

bambou

igitunguru

oignon

ikizinu

champignon

ibiyoba

noisettes

amakaroni

pâtes

spagetti
spaghetti

umuceri
riz

isarade
salade

ifiriti
pommes frites

ifiriti
pommes de terre rôties

piza
pizza

hamburugere
hamburger

sandwich
sandwich

infungugwa bita escalope
escalope

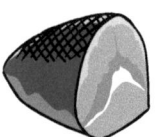

jambo
jambon

salami
salami

isosiso
saucisse

inyama y' inkoko
poulet

umusoso
rôti

ifi
poisson

infungugwa bita flocons d'
avoine

flocons d'avoine

imfungugwa bita müsli

muesli

infungugwa bita corn -
flakes

cornflakes

ifarini

farine

umukate bita croissant

croissant

umukate muto

petits-pains

umukate

pain

umukate bashusha

pain grillé

ibisuguti

biscuits

amavuta

beurre

iforomaji yera

le fromage blanc

igato

gâteau

irigi

œuf

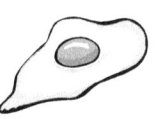

amafunguro bita oeuf au
plat

œuf au plat

iformaji

fromage

infungugwa bita crème
glacée

glace

isukari

sucre

ubuki

miel

ikonfitire

confiture

imfungugwa bita praliné

crème nougat

infungugwa bita curry

curry

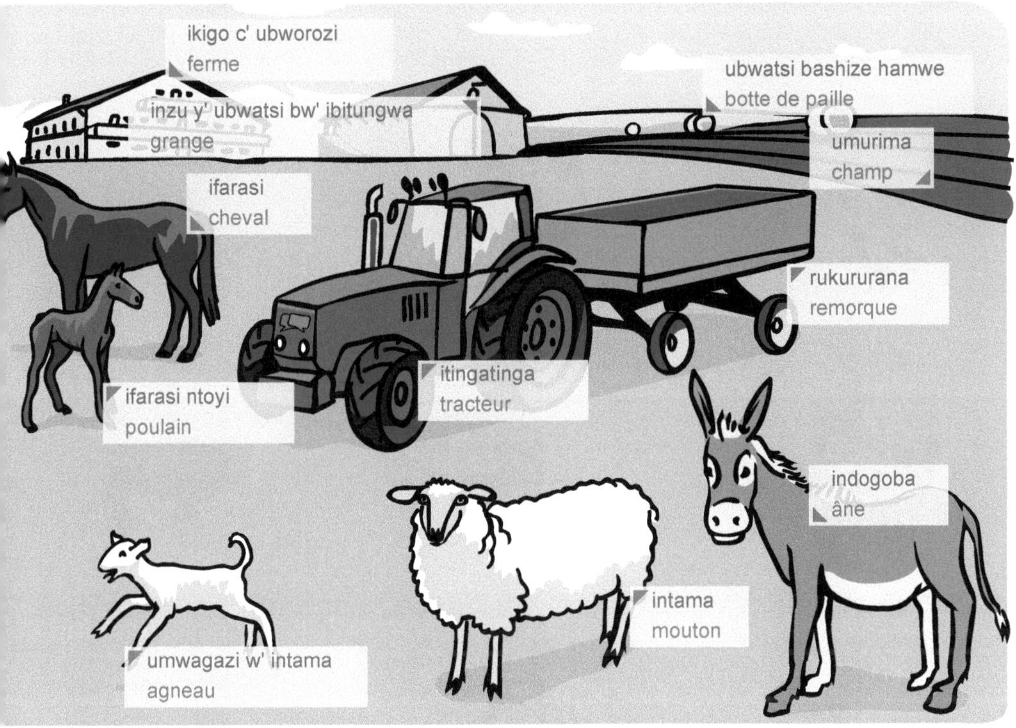

ikigo c' ubworozi
ferme

ubwatsi bashize hamwe
botte de paille

inzu y' ubwatsi bw' ibitungwa
grange

umurima
champ

ifarasi
cheval

rukururana
remorque

itingatinga
tracteur

ifarasi ntoyi
poulain

indogoba
âne

umwagazi w' intama
agneau

intama
mouton

impene

chèvre

inka

vache

inyana

veau

ingurube

porc

ikibuguru

porcelet

impfizi

taureau

inyoni yitwa oie

oie

imbata

canard

umuswi

poussin

inkokokazi

poule

isake

coq

imbeba nini

rat

akayabu

chat

imbeba

souris

ishuri

bœuf

imbwa

chien

umusaka w'imbwa

chenil

umuringoti wo kuvomerera
umurima

tuyau de jardin

ico bakoresha basukira
amashurwe

arrosoir

urukero

faucheuse

majagu

charrue

umuhoro

faucille

isuka

pioche

ikinyanyagiza ibitabizo irya
n'ino

fourche

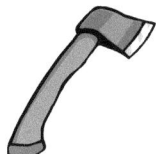

ishoka

hache

inkorofani

brouette

ubwato

cuve

icansi

pot à lait

umufuko

sac

urugo

clôture

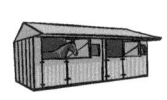

indaro y' ibitungwa

étable

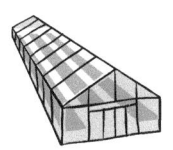

utuzu bashusha kugirango
ibimera birimwo bikure

serre

isi

sol

imbuto

semences

ifumbire

engrais

imashini yimbura

moissonneuse-batteuse

kwimbura

récolter

umwimbu

récolte

infungugwa bita igname

igname

ingano

blé

isoya

soja

ikiraya

pomme de terre

ikigori

maïs

ubwoko bw' ingano bita colza

colza

igiti c' ivyamwa

arbre fruitier

imyumbati

manioc

ibinyantete

céréales

inzu
maison

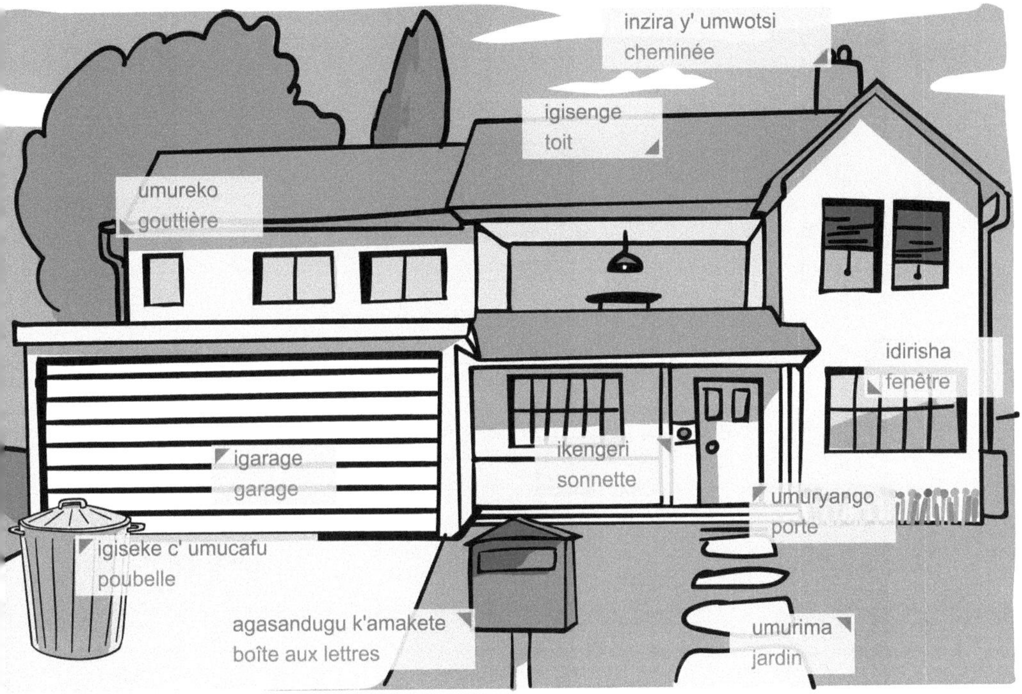

inzira y' umwotsi
cheminée
igisenge
toit
umureko
gouttière
idirisha
fenêtre
igarage
garage
ikengeri
sonnette
umuryango
porte
igiseke c' umucafu
poubelle
agasandugu k'amakete
boîte aux lettres
umurima
jardin

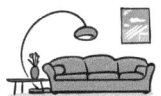

isaro
salon

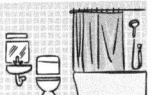

ubwogero
salle de bain

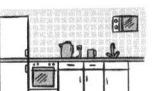

igikoni
cuisine

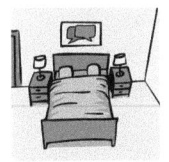

icumba co kuraramo
chambre à coucher

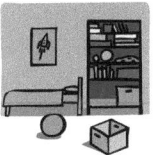

icumba c' umwana
chambre d'enfant

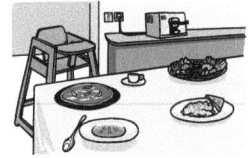

uburiro
salle à manger

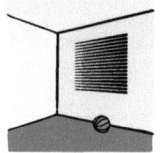

hasi
sol

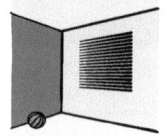

uruhome
mur

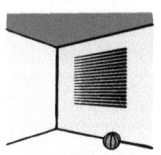

igisenge c' inzu
plafond

kave
cave

sauna
sauna

ibaraza
balcon

ibaraza
terrasse

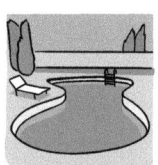

aho bogera
piscine

itondezi
tondeuse à gazon

igikaratasi
housse

uburengeti
couette

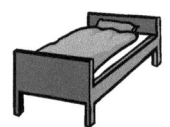

uburiri
lit

umweyerezo
balai

indobo
sceau

akabuto
interrupteur

isaro
salon

igisharizo
papier peint
isanamu
image
itara
lampe
akabati
étagère
akabati
armoire
imboneshakure
télé
igicaniro
cheminée
ishugwe
fleur
umusagamiro
coussin
ifoteyi
sofa
ivaze
vase
terekomande
télécommande

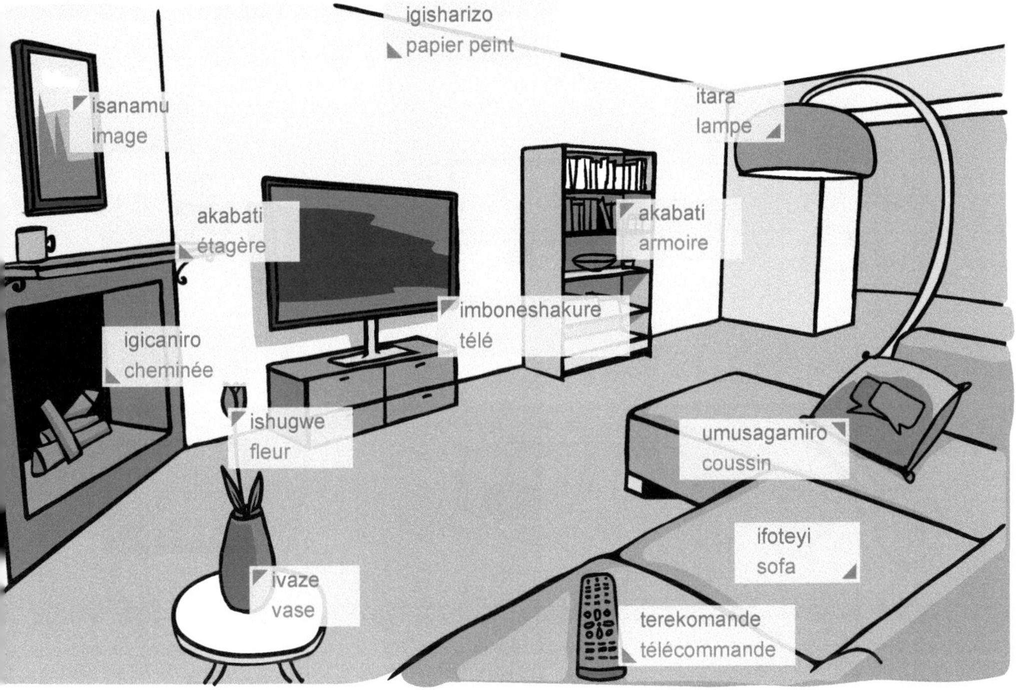

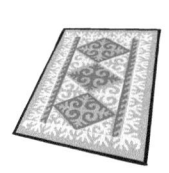

itapi
tapis

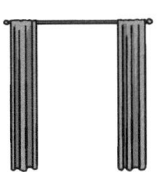

irido
rideau

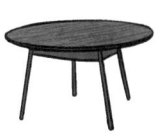

ameza
table

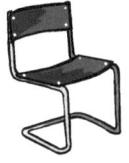

intebe
chaise

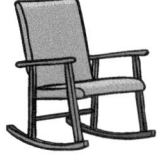

intebe icundera
chaise à bascule

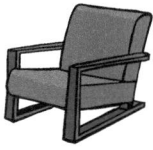

ifoteyi
fauteuil

igitabo

livre

ikirengeti

couverture

ibitako

décoration

inkwi

bois de chauffage

ireresi

film

ivyuma vy' umuziki

chaîne hi-fi

urufunguruzo

clé

ikinyamakuru

journal

gusiga amarangi

peinture

isanamu nini

poster

insamirizi

radio

ikaye ndangaminsi

bloc-notes

asipirateri

aspirateur

icimera bita cactus

cactus

ibuji

bougie

igikoni
cuisine

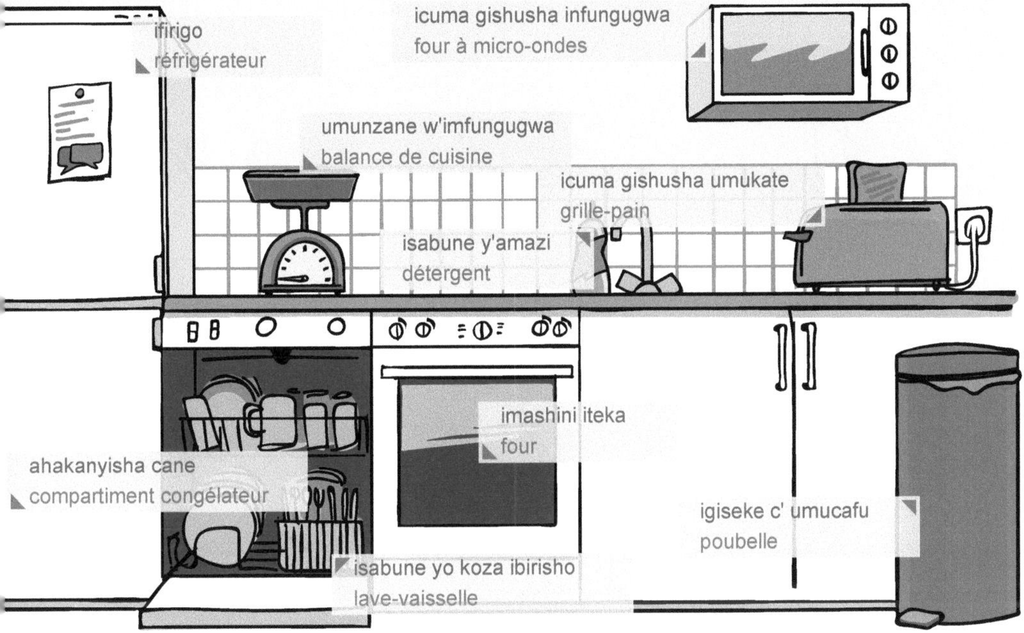

ifirigo
réfrigérateur
icuma gishusha infungugwa
four à micro-ondes
umunzane w'imfungugwa
balance de cuisine
icuma gishusha umukate
grille-pain
isabune y'amazi
détergent
imashini iteka
four
ahakanyisha cane
compartiment congélateur
igiseke c' umucafu
poubelle
isabune yo koza ibirisho
lave-vaisselle

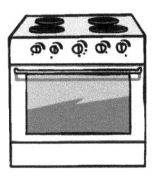

ishiga

four

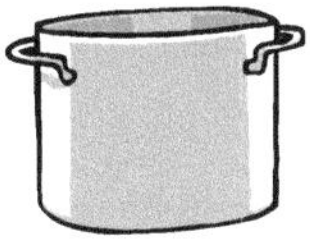

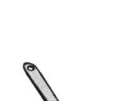

isafuriya

casserole

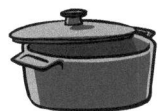

isafuriya y' icuma

marmite

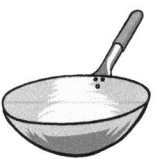

ipanu bita wok

wok / kadai

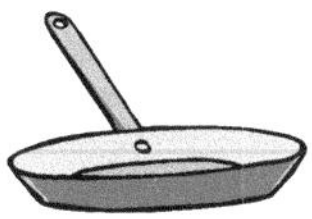

ipanu

poêle

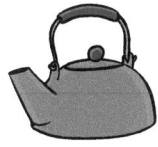

akuma gashusha amazi

bouilloire electrique

isafuriya itekesha umuhisha

cuiseur vapeur

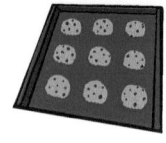

ico bakorerako imikate

plaque de cuisson

ibirisho

vaisselle

igikombe

gobelet

ibakure

coupe

uduti two kurisha

baguettes

icaruzo c' isupu

louche

ikimamiro

spatule

agakubitisho

fouet

imashini isya ibifungurwa

passoire

akayunguruzo

tamis

agakatakata imfungugwa

râpe

agasekuro

mortier

icokerezo

barbecue

urucaniro

cheminée

urubaho rwo gukatirako

planche à découper

akabaho bakoresha spageti

rouleau à pâtisserie

urupfunguzo rw'umuvinyu

tire-bouchon

agasandugu

boîte

urupfunguzo
rw'agasandugu
ouvre-boîte

ivyo gufatisha isafuriya
ishushe

maniques

icogerezo

lavabo

uburoso

brosse

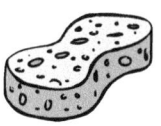

ivyogesho

éponge

imigiseri

mixeur

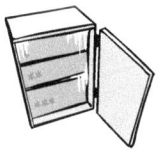

frigo nini ikanyisha cane

congélateur

bibero

biberon

ivomo

robinet

ubwogero

salle de bain

imashini ishusha mu nzu
chauffage
isume
serviette
kwoga
douche
rido yo muri dushe
rideau de douche
koga mu mazi arimwo ifuro ryinshi
bain moussant
benywari
baignoire
ikirahuri
verre
imashini imesura
machine à laver
ivomo
robinet
amategura
carrelage
agasafuriya
pot
icogerezo
lavabo

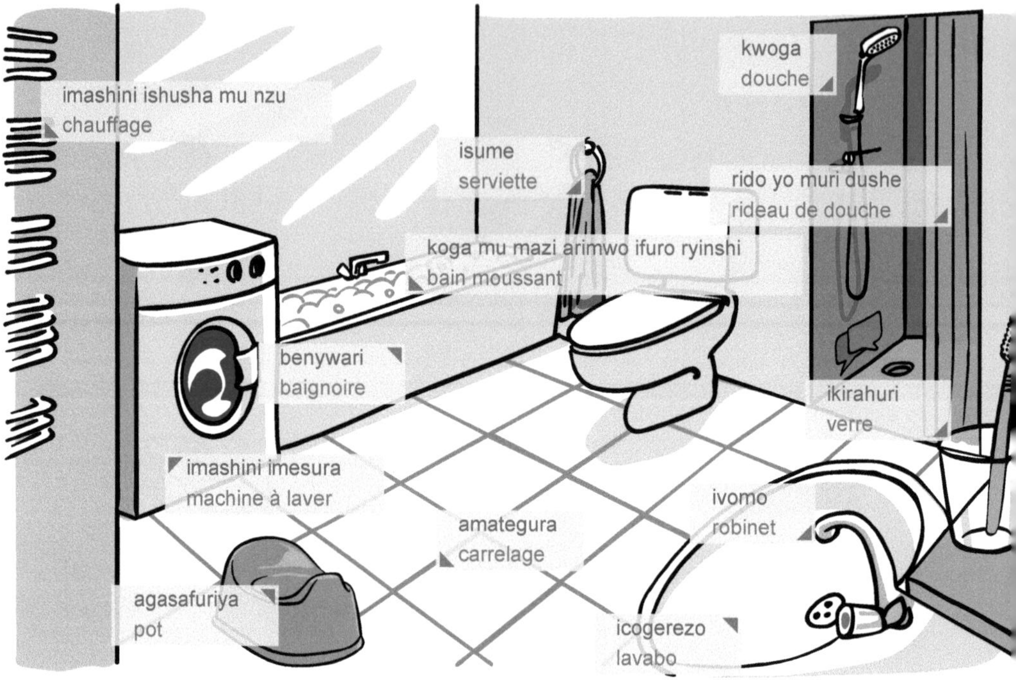

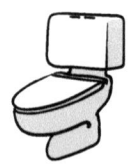

Akazu ka surwumwe

toilettes

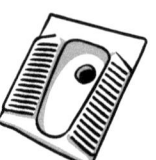

akazu ka surwumwe k'ikirundi

toilette à la turque

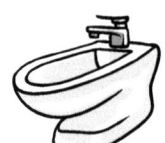

akantu gatoya bogeraho

bidet

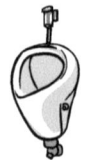

aho basoba

urinoir

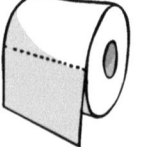

ibikaratase vyo kwi sukuza mu nzu ya surwumwe

papier toilette

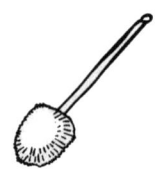

uburoso bwoza akazu ka surwumwe

brosse à toilette

umujigiti

brosse à dents

umuti wo koza amenyo

dentifrice

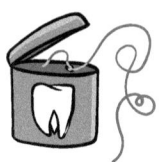

utugozi two gusukura
amenyo

fil dentaire

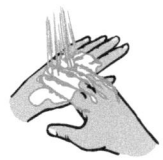

koza

laver

ikinyuko

douche manuelle

ubwoko bwa dushe

douche intime

ico bakarabiramo intoki

vasque

uburoso busukura mu
mugongo

brosse dorsale

isabune

savon

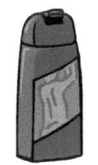

isabuni yo kwoga

gel douche

shampo

shampooing

agatambara ko kwisukura

gant de toilette

umuringoti

écoulement

amavuta yo kwisiga

crème

iparufe yo mu kwaha

déodorant

icirore

miroir

icirore

miroir cosmétique

imashini imwa ubwanwa

rasoir

ifuro ryo kumwa ubwanwa

mousse à raser

umuti basiga aho bamoye

après-rasage

igisokozo

peigne

uburoso

brosse

akuma kumutsa umushatsi

sèche-cheveux

amavuta bapuriza mu mushatsi

laque pour cheveux

ibikoresho vyo kwipodora

fond de teint

amavuta afise ibara yo k'umunywa

rouge à lèvres

verni y'inzara

vernis à ongles

ipampa

ouate

umukasi uca inzara

coupe-ongles

iparufe

parfum

agasaho k' ivyo kwisukura
ku rugendo

trousse de toilette

agatebe

tabouret

umunzane

pèse-personne

penywari

peignoir

udufuko tw' intoke iyo
bakora isuku

gants de nettoyage

kotegisi

tampon

kotegisi

serviettes hygiéniques

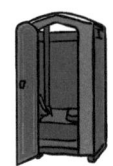

ubwoko bw'akazu ka
surwumwe

toilette chimique

icumba c' umwana
chambre d'enfant

isaha ivyura
réveil
agakoko k' agapupe
doudou
ikijuwe c' umuduga
voiture jouet
ikijuwe c' ibibondo bita hochet
hochet
inzu badandaza amapupe
maison de poupée
akaganuke
cadeau

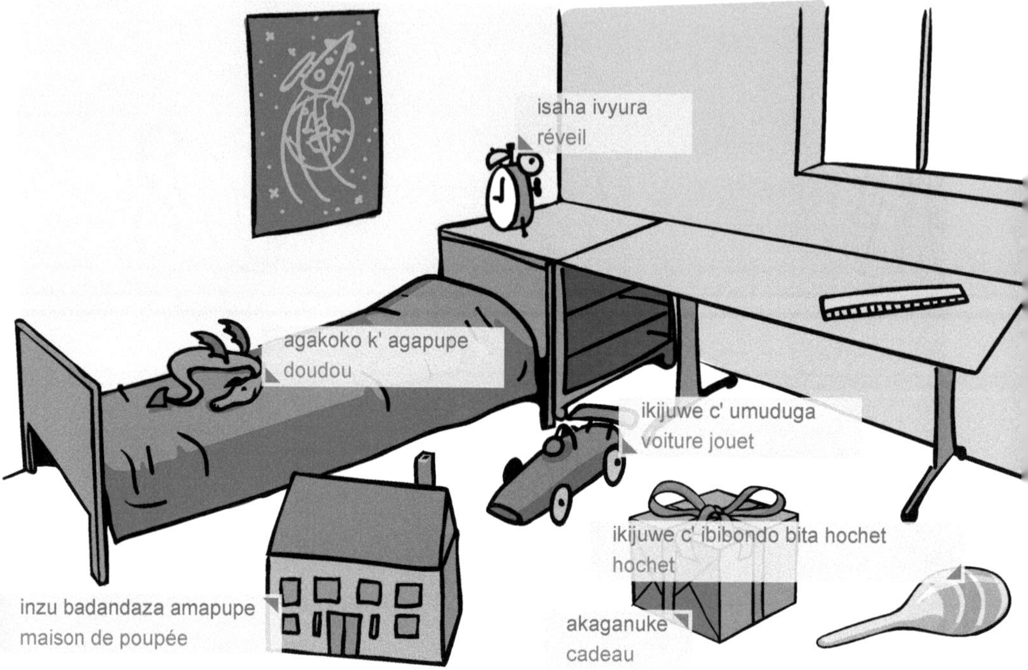

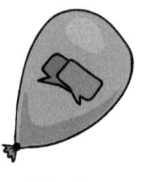

igipurizo

ballon

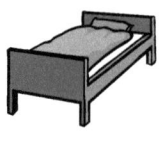

uburiri

lit

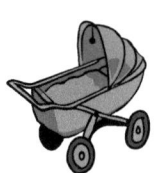

poussette

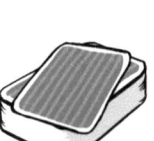

urukino rw' ikarata

jeu de cartes

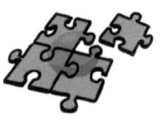

urukino bita puzile

puzzle

SUPER MEGA

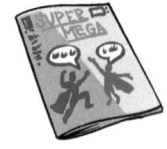

ibitabo vy' amashusho

bande dessinée

urukino bita lego

pièces lego

ibijuwe vyo kubaka

blocs de construction

ipupe

figurine

impuzu yo kurarana y abana

grenouillère

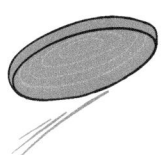

urukino bita frisbi

frisbee

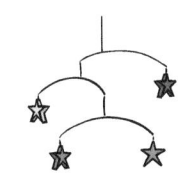

udukinisho two ku buriri bw' ibibondo

mobile

urukino rwo kumeza

jeu de société

agakinisho bita de

dé

gari ya moshi z' ibikinisho

train miniature

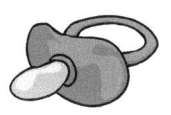

madanganya

sucette

umunsi mukuru

fête

igitabo c' ibicapo

livre d'images

umupira

balle

igipupe

poupée

gukina

jouer

umusenyi abana
bakiniramwo
....
bac à sable

uruvuma
....
balançoire

ikijuwe
....
jouets

urukino nyabwonko
....
console de jeu

ikinga ry'amapine atatu
....
tricycle

igikoko bita ours c 'ikijuwe
....
ours en peluche

akabati k' impuzu
....
armoire

impuzu

vêtements

amashesheti
....
chaussettes

amashesheti maremare
....
bas

ubwoko bw'impuzu zifata
kandi zigaruka cane
....
collant

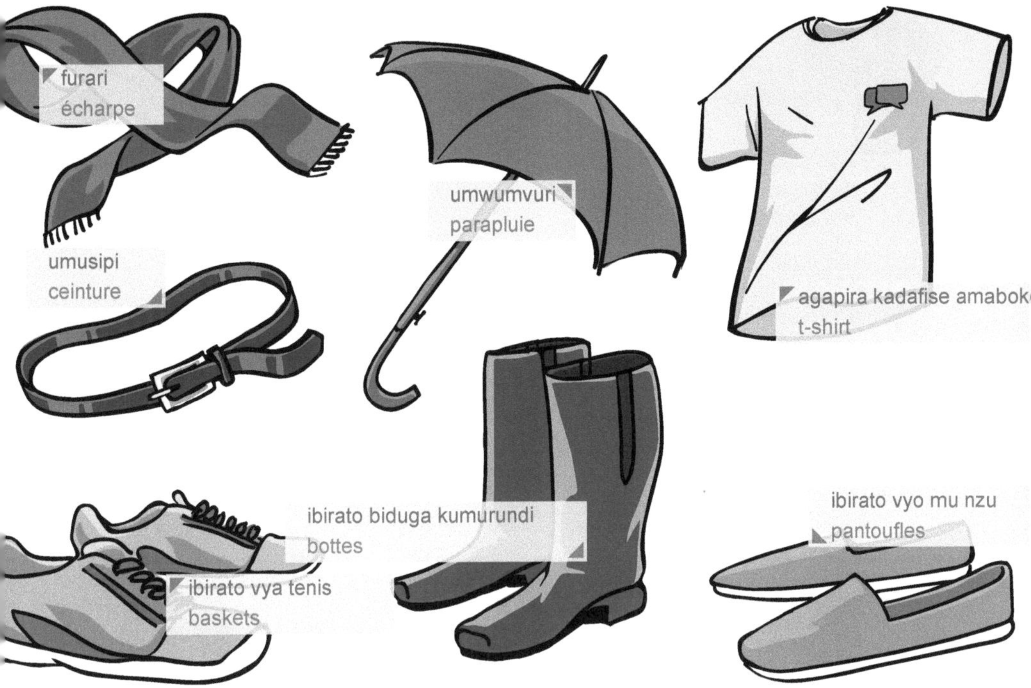

furari
écharpe

umwumvuri
parapluie

umusipi
ceinture

agapira kadafise amabok
t-shirt

ibirato biduga kumurundi
bottes

ibirato vyo mu nzu
pantoufles

ibirato vya tenis
baskets

isandari
sandales

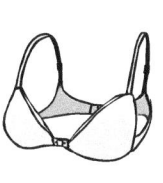

ibirato
chaussures

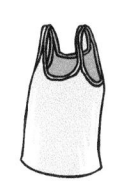

ingamiya
bottes de caoutchouc

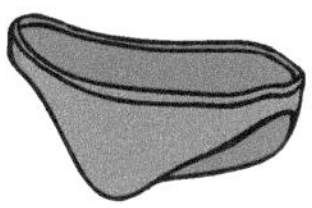

imwesho
sous-vêtements

isutiye
soutien-gorge

isengeri
maillot de corps

impuzu z' imbere

body

ipantaro

pantalon

ijinisi

jean

ijipo

jupe

agashati koroshe kabagore

chemisier

ishati

chemise

umupira w' imbeho

pull

umupira w'imbeho ufise
inkofero

sweat à capuche

blazeri

veste

ikoti

veste

ikoti rirerire

manteau

ikoti y'imvura

imperméable

kositime

costume

ikanzu

robe

ikazu y'umugeni

robe de mariée

kositime

costume

ikanzu yo kurarana

chemise de nuit

impuzu z' ijoro

pyjama

imvutano z'abahindi

sari

igitambara co mu mutwe

foulard

igitambara co mu mutwe
bita turban

turban

impuzu z' abasiramukazi

burqa

ikanzu bita kaftan

caftan

impuzu y' abasiramu

abaya

impuzu yo kogana

maillot de bain

impuzu yo kwogana
y'abagabo

maillot de bain

imwesho

short

itereningi

tenue d'entraînement

itaburiya

tablier

udufuko tw' intoke

gants

igifungo

bouton

amarori

lunettes

igikomo

bracelet

akadede

collier

impeta

bague

ihereni

boucle d'oreille

inkofero

bonnet

porutemanto

cintre

inkofero

chapeau

karavate

cravate

imashini

fermeture éclair

inkofero yo kwikingira

casque

imisipi

bretelles

impuzu y' ishure

uniforme scolaire

umwambaro rusangi
w'ahantu

uniforme

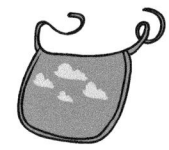

two bambika ibibondo iyo birya

bavoir

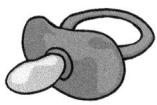

madanganya

sucette

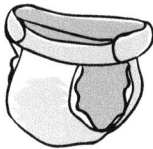

iranje

lange

ibiro

bureau

seriveri
serveur
akabati k' ivyangombwa
armoire d'archivage
empirimante
imprimante
ukaratasi
apier
ekra
écran
suri
souris
ameza yo kwandikirako
bureau
ico bashiramwo ivyangombwa
classeur
karaviye
clavier
seke bajugunyamo amakaratasi
eille à papier
nyabwonko
ordinateur
intebe
chaise

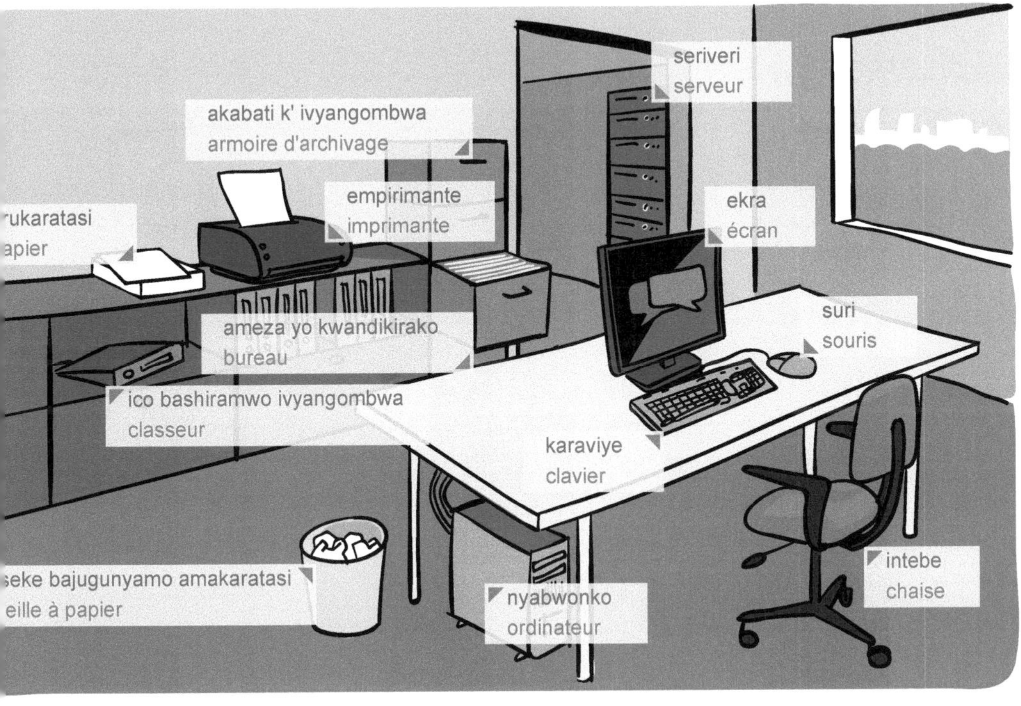

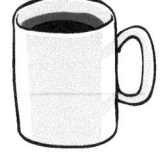

igikombe c' ikawa

tasse de café

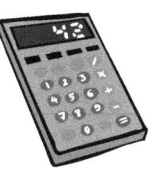

imashini iharura

calculatrice

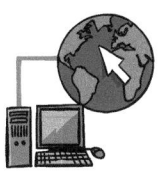

ubuhinga ngurukanabumenyi

internet

inyabwonko ngendanwa

ordinateur portable

ikete

lettre

ubutumwa

message

telefoni ngendanwa

portable

rezo

réseau

fotokopiyeze

photocopieuse

rojisiyeri

logiciel

telefoni

téléphone

purize

prise

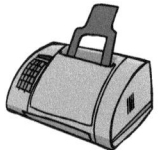

fagisi

fax

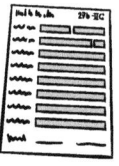

urukaratasi rwo kuzuza

formulaire

icangombwa

document

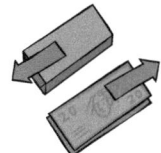

kugura

acheter

kuriha

payer

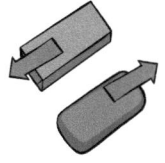

kudandaza

faire du commerce

amahera

monnaie

idorari

dollar

iyero

euro

iyene

yen

amahera y' abarusiya

rouble

amahera y' abasuwisi

franc suisse

amahera bita renmimbi yuan

renminbi yuan

amahera bita rupi

roupie

icuma gitanga amahera

distributeur automatique

ku bavunjayi

bureau de change

inzahabu

or

umujumbu

argent

ipeteroli

pétrole

inguvu

énergie

ikiguzi

prix

amasezerano

contrat

amakori

taxe

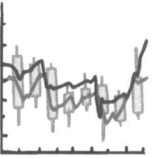

igice

action

gukora

travailler

umukozi

employé

umukoresha

employeur

ihinguriro

usine

akaduka

magasin

imirimo
professions

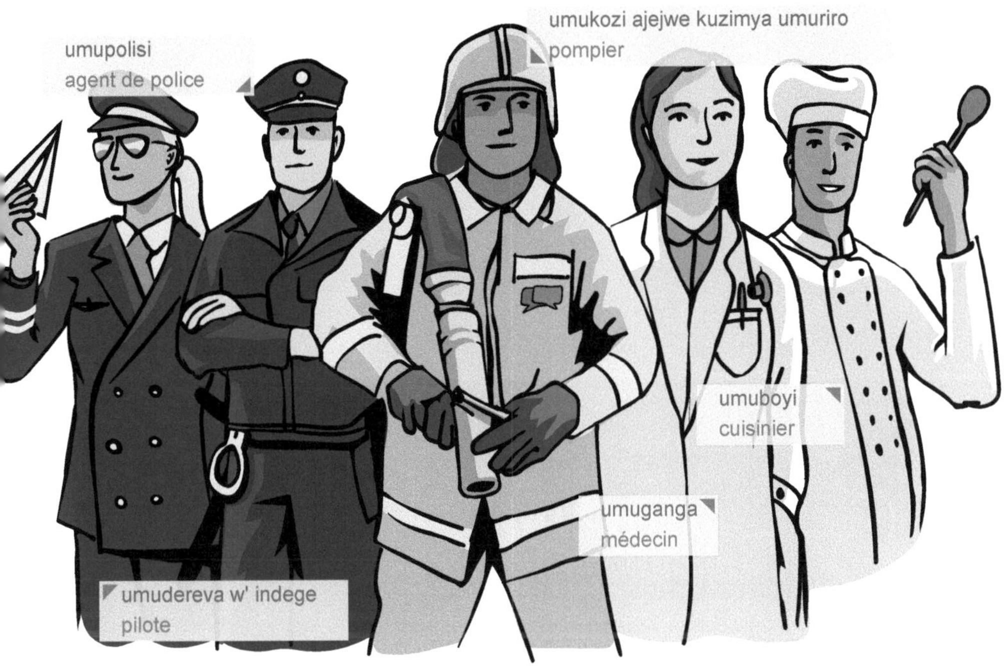
umukozi ajejwe kuzimya umuriro
pompier
umupolisi
agent de police
umuboyi
cuisinier
umuganga
médecin
umudereva w' indege
pilote

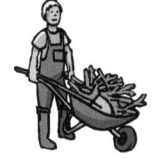

umukozi akora murikarima
jardinier

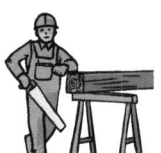

umubaji
menuisier

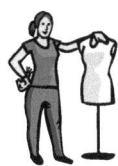

umushonyi
couturière

umucamanza
juge

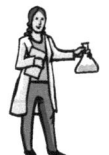

umuhinga mu vya chimie
chimiste

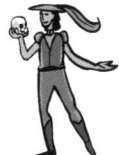

umukinyi w'amareresi
acteur

umudereva w' ibisi

conducteur de bus

umudereva w' itagisi

chauffeur de taxi

umurovyi

pêcheur

umuzezwanzukazi

femme de ménage

sharupantiye

couvreur

umukozi wo muburiro n'ubunywero

serveur

umuhigi

chasseur

umufundi w' amarangi

peintre

umuntu akora imikate

boulanger

umufundi w' amatara

électricien

umwubatsi

ouvrier

enjeniyeri

ingénieur

umuyangayanga

boucher

umufundi w' amazi

plombier

umuparanto

facteur

umusoda
soldat

umuntu acapa inyubako
architecte

umuntu yakira amahera
caissier

nukozi ajejwe amashugwe
fleuriste

kimyozi
coiffeur

kontororeri
contrôleur

umufundi w' imiduga
mécanicien

umudereva w' ubwato
capitaine

umuganga w' amenyo
dentiste

umuhinga mu vya siyansi
scientifique

umuhinga mu bayahudi bita rabi
rabbin

imame
imam

umuvugiramana
moine

umuvugiramana
prêtre

ibikoresho vy' ubwubatsi
outils

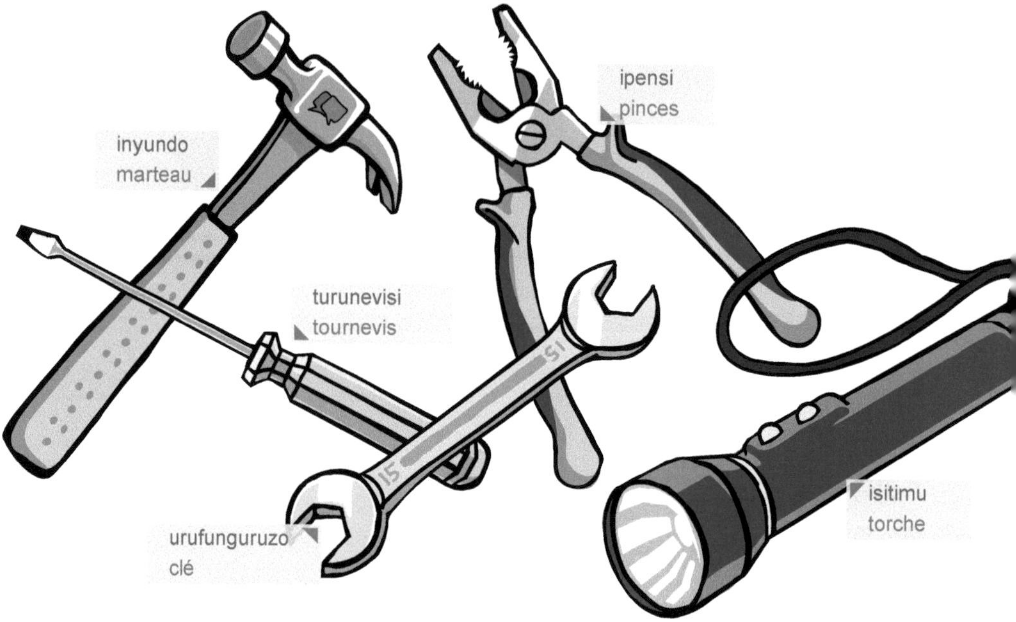

inyundo
marteau
ipensi
pinces
turunevisi
tournevis
urufunguruzo
clé
isitimu
torche

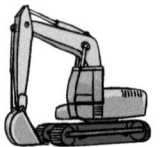

tingatinga
pelleteuse

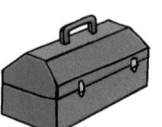

isaho y' ibikoresho
boîte à outils

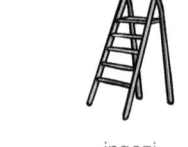

ingazi
échelle

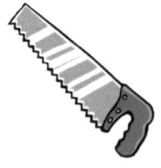

umusumeno
scie

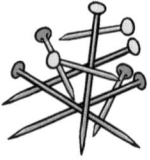

imisumari
clous

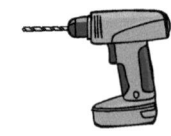

icuma bita foreuse
perceuse

gukora

réparer

igipawa

pelle

asyi!

Mince !

agaterura umucafu

pelle

indobo y' irangi

pot de peinture

ivis

vis

ivyuma vyo gucuraranga
instruments de musique

icuma bita Haut parleur
haut-parleurs

icuma ca musika bita batterie
batterie

igitari
guitare

icuma ca musika bita contrebasse
contrebasse

icuma ca musika bita trompette
trompette

icuma ca musika bita piano

piano

icuma ca musika bita violon

violon

gitare icuranga Bass

basse

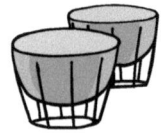

icuma ca musika bita timbale

timbales

ingoma

tambour

icuma ca musika bita piano electrique

piano électrique

icuma ca musika bita saxophone

saxophone

umwirongi

flûte

mikoro

microphone

iratiro ry' ibikoko

zoo

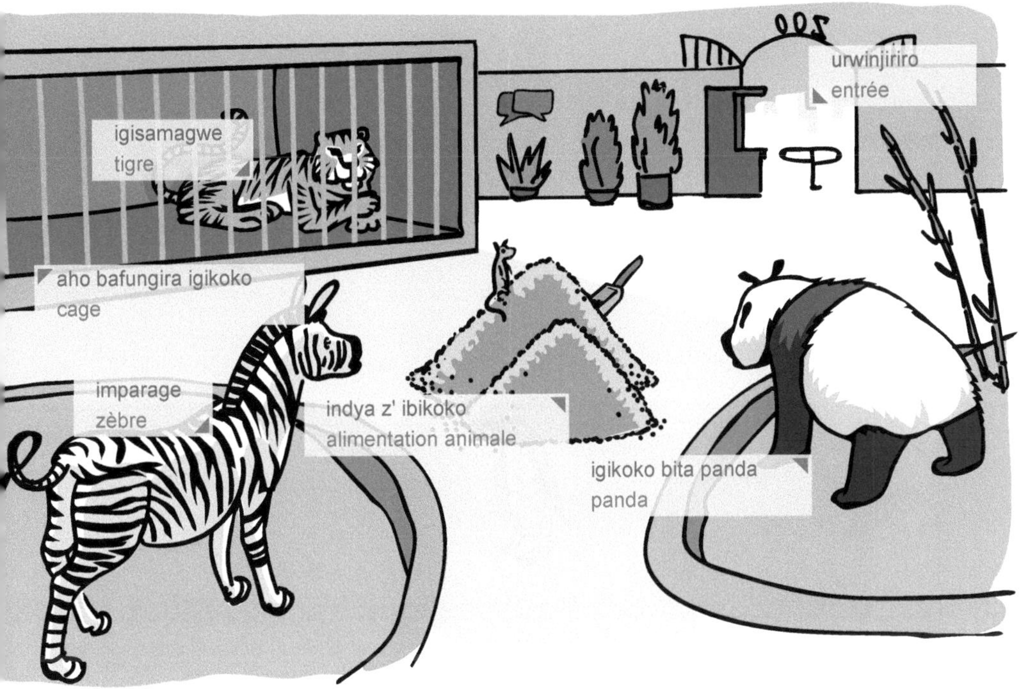

urwinjiriro
entrée
igisamagwe
tigre
aho bafungira igikoko
cage
imparage
zèbre
indya z' ibikoko
alimentation animale
igikoko bita panda
panda

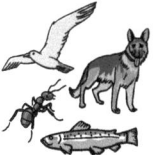

ibikoko

animaux

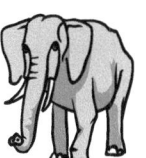

inzovu

éléphant

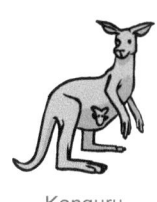

Kanguru

kangourou

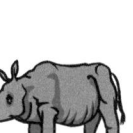

igikoko bita Rhynoceros

rhinocéros

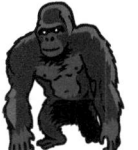

inguge

gorille

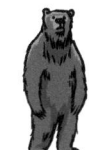

igikoko bita ours

ours

ingamiya

chameau

inyoni bita autriche

autruche

intare

lion

inkende

singe

inyoni bita flamant rose

flamand rose

gasuku

perroquet

igikoko bita ours blanc

ours polaire

inyoni bita pinguin

pingouin

ifi bita requin

requin

inyoni bita paon

paon

inzoka

serpent

ingona

crocodile

umurinzi w' iratiro ry' ibikoko

gardien de zoo

igikoko bita phoque

phoque

igikoko bita jaguar

jaguar

woko bw' ifarasi bita pony

....

poney

ingwe

....

léopard

imvubu

....

hippopotame

umusumbarembo

....

girafe

agaca

....

aigle

ingurube y' ishamba

....

sanglier

ifi

....

poisson

akanyamasyo

....

tortue

igikoko bita morse

....

morse

imbwebwe

....

renard

ingeregere

....

gazelle

urukino rwa football yo muri amerika
american Football

ugusiganwa ku makinga
cyclisme

urukino rwa tennis
tennis

urukino rwa basketball
basket-ball

koga
natation

urukino rw' ingumu
boxe

urukino rwa ice-hockey
hockey sur glace

umupira w'amaguru

football

urukino rwa badminton

badminton

ubunonotsi

athlétisme

urukino rwa handball

handball

urukino rwa ski

ski

urukino rwa Polo

polo

gutwenga
rire

gusimba
sauter

kugumbirana
embrasser

kugenda
marcher

kuririmba
chanter

kurota
rêver

gusenga
prier

gusoma
faire la bise

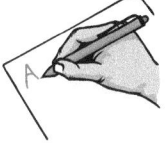

kwandika

écrire

gucapa

dessiner

kwereka

montrer

gusuguma

pousser

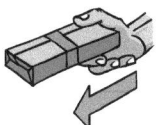

gutanga

donner

gutora

prendre

kugira

avoir

kugira

faire

kuba

être

guhagarara

être debout

kwiruka

courir

gukwega

trier

guta

jeter

gutemba

tomber

kurambarara hasi

être couché

kurindira

attendre

gutwara

porter

kwicara

être assis

kwambara

s'habiller

kuryama

dormir

kuvyuka

se réveiller

kuraba

regarder

kurira

pleurer

kwagaza

caresser

gusokoza

peigner

kuvuga

parler

gutahura

comprendre

kubaza

demander

kumviriza

écouter

kunywa

boire

gufungura

manger

gutondeka

ranger

gukunda

aimer

guteka

cuire

gutwara

conduire

kuguruka

voler

kugira siporo bita voile

faire de la voile

guharura

calculer

gusoma

lire

kwiga

apprendre

gukora

travailler

kurongora

se marier

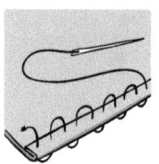

gushona

coudre

kwijigitura

brosser les dents

kwica

tuer

kunywa itabi

fumer

kurungika

envoyer

umuryango
famille

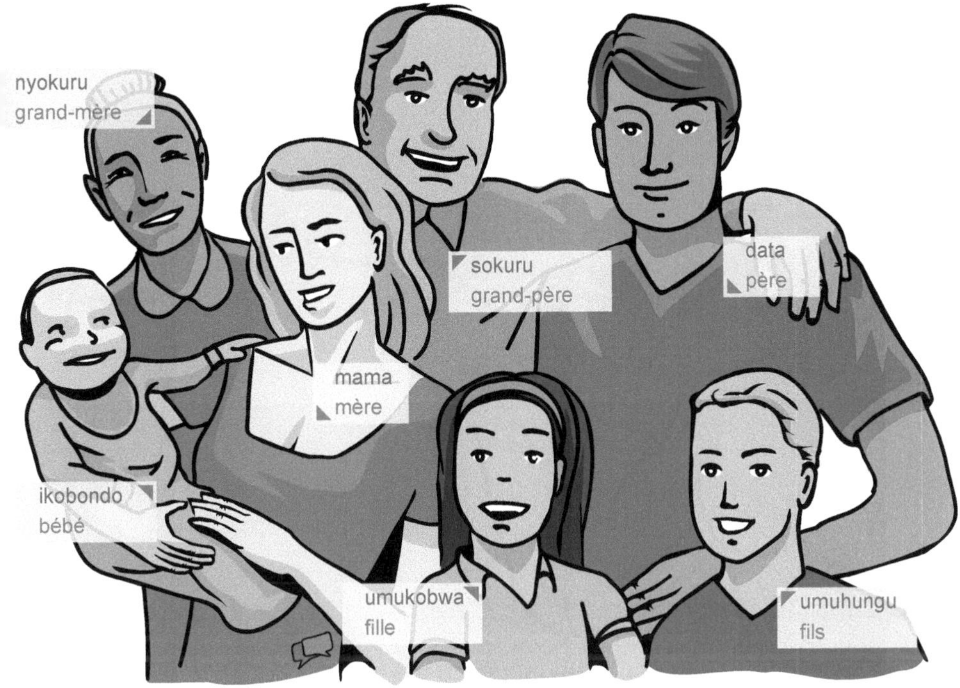

nyokuru
grand-mère
sokuru
grand-père
data
père
mama
mère
ikobondo
bébé
umukobwa
fille
umuhungu
fils

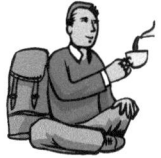

umushitsi
....
hôte

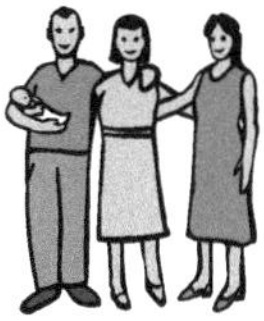

masenge
....
tante

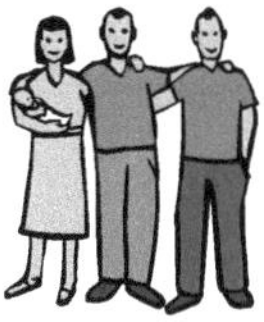

marume
....
oncle

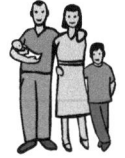

musaza w' umuntu
....
frère

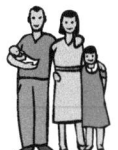

mushiki w' umuntu
....
sœur

umubiri
corps

agahanga
front
ijisho
œil
urutugu
épaule
urutoki
doigt
isura
visage
agasakanwa
menton
ikiganza
main
agatuntu
poitrine
ukuguru
jambe
ukuboko
bras

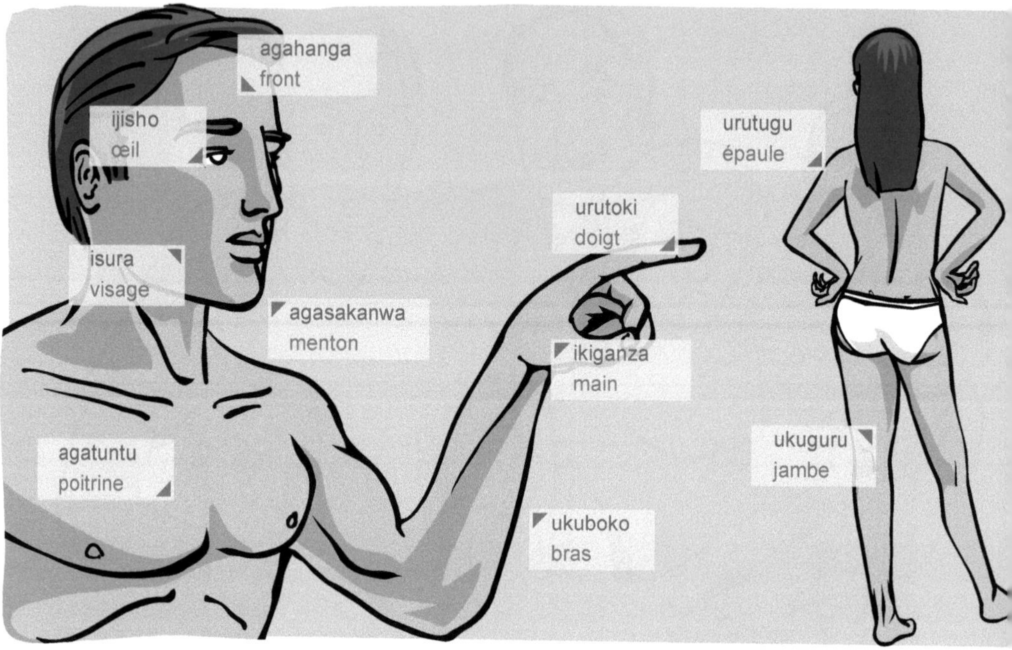

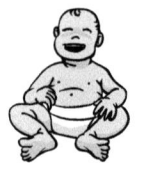

ikobondo
bébé

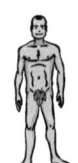

umugabo
homme

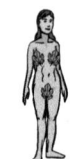

umugore
femme

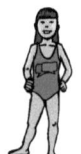

umwigeme
fille

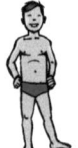

umuhungu
garçon

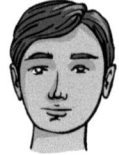

umutwe
tête

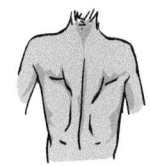

umugongo

dos

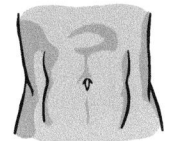

inda

ventre

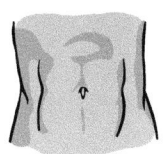

umukondo

nombril

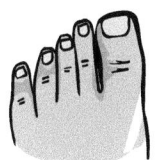

ino

orteil

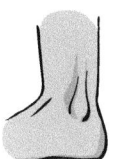

agatsintsiri

talon

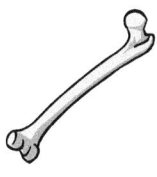

igufa

os

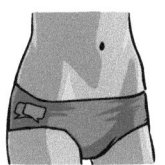

ku mafyigo

hanche

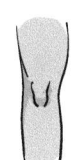

ivi

genou

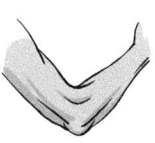

inkokora

coude

izuru

nez

igisusu

fesses

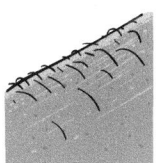

urukoba

peau

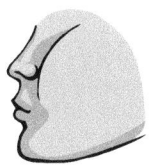

itama

joue

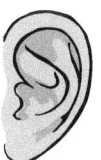

ugutwi

oreille

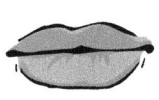

umunwa

lèvre

umubiri - corps

umunwa

bouche

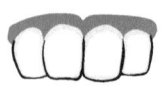

iryinyo

dent

ururimi

langue

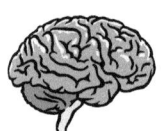

ubwonko

cerveau

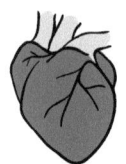

umutima

cœur

umutsi

muscle

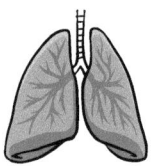

ihaha

poumons

igitigu

foie

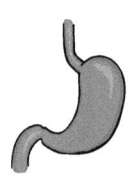

umushishito

estomac

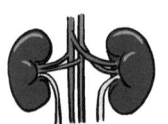

amafyigo

reins

kurangura amabanga
y'abubatse

rapport sexuel

agapfuko

préservatif

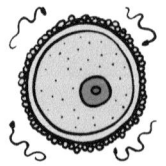

imbuto y' umugore

ovule

imbuto y'umugabo

sperme

imbanyi

grossesse

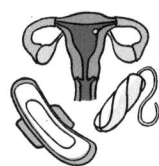

kuja mu kwezi

menstruation

igituba

vagin

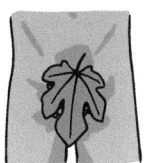

imboro

pénis

ingohe

sourcil

umushatsi

cheveux

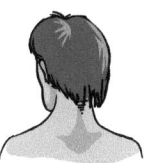

izosi

cou

ibitaro
hôpital

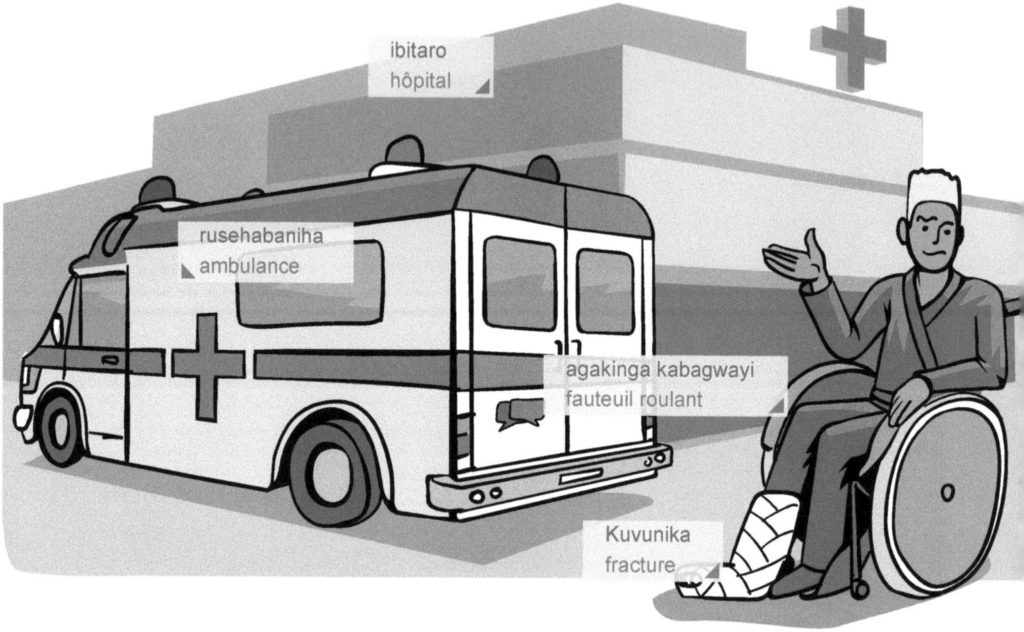

ibitaro
hôpital
rusehabaniha
ambulance
agakinga kabagwayi
fauteuil roulant
Kuvunika
fracture

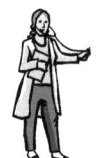

umuganga

médecin

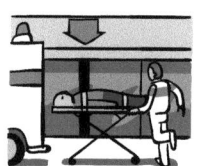

mundembe

service des urgences

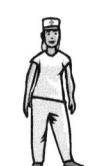

umuforomokazi

infirmière

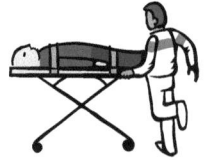

irijanse

urgence

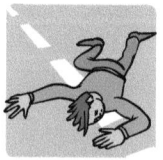

guta ubwenge

inconscient

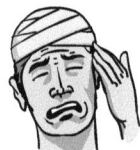

ububabare

douleur

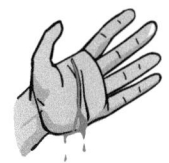

igikomere

blessure

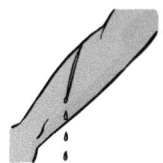

kuva amaraso

hémorragie

uguhagarara k' umutima

crise cardiaque

kuvira indani

attaque cérébrale

guhurirwa

allergie

inkorora

toux

ubushuhe bw'umubiri

fièvre

giripe

grippe

gucibwamwo

diarrhée

kumeneka umutwe

mal de tête

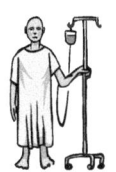

Kanseri

cancer

Diyabeti

diabète

muganga ajejwe kubaga

chirurgien

akuma ka muganga ubaga

scalpel

kubagwa

opération

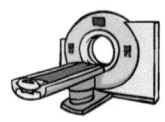

sikaneri

CT

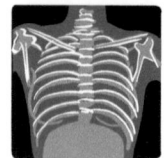

radiyogarafi

radiographie

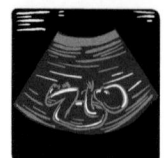

ekogarafi

échographie

masike

masque

indwara

maladie

aho kurindirira

salle d'attente

icishimikizo

béquille

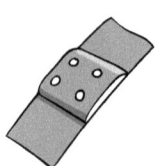

gufuka igikomere

pansement

gufuka igikomere

pansement

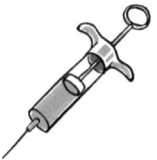

gutera urushinge

injection

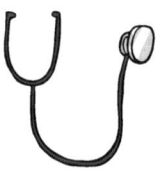

icuma cumviriza amahaha
n'umutima

stéthoscope

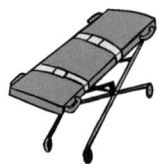

ingovyi

brancard

igipima umuriro w' umubiri

thermomètre

kuvuka

accouchement

umuvyibuho urengeje

surcharge pondérale

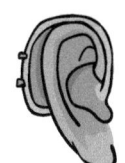

igifasha umuntu kumva neza
appareil auditif

imiti y' ibikomere
désinfectant

kwandura
infection

umugera
virus

umugera wa sida
VIH / sida

ubuvuzi
médicament

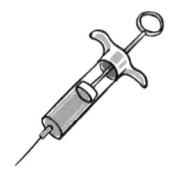

guhabwa urucanco
vaccination

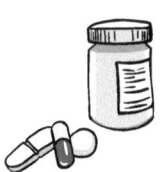

ibinini
comprimés

ikinini mbonezamvyaro
pilule

telefone itabaza
appel d'urgence

igipima umuvuduko w' amaraso
tensiomètre

arwaye / akomeye
malade / sain

muntabare!

Au secours !

ikengere

alarme

igitero

assaut

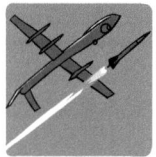

igitero

attaque

ibihe bikomeye

danger

icanzo

sortie de secours

umuriro!

Au feu!

ikizimyamwoto

extincteur

isanganya

accident

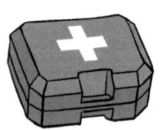

isanduku y' ubutabazi

trousse de premier secours

ubutabazi

SOS

igipolisi

police

Buraya

Europe

Uburaruko bw' amerika

Amérique du Nord

Ubumanuko bw' amerika

Amérique du Sud

Afurika

Afrique

Aziya

Asie

Ositarariya

Australie

ibahari y' Antalantika

Océan atlantique

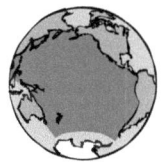

ibahari ya Pasifika

Océan pacifique

ibahari y' Ubuhinde

Océan indien

ibahari y' Antaragitika

Océan antarctique

ibahari y' Aragitika

Océan arctique

Uburaruko bw' umubumbe
w' isi

pôle nord

Ubumanuko bw' umubumbe
w' isi
....
pôle sud

antaragitika
....
Antarctique

isi
....
terre

isi
....
pays

ibahari
....
mer

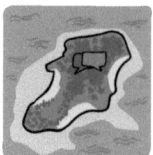

izinga
....
île

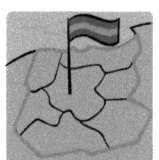

igihugu
....
nation

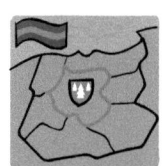

reta
....
état

aho barabira isaha

cadran

urushinge rw' amasaha

aiguille des heures

urushinge rw' iminota

aiguille des minutes

urushinge rw' amasegonda

aiguille des secondes

ni gihe ki?

Quelle heure est-il ?

umunsi

jour

igihe

temps

ubu nyene

maintenant

isaha ya electronique

montre digitale

umunota

minute

isaha

heure

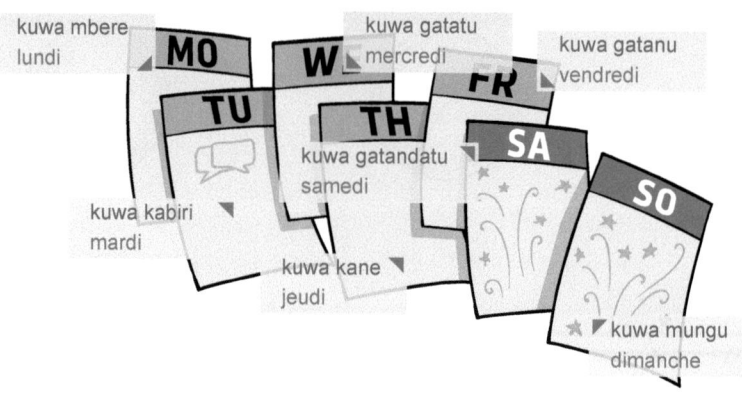

kuwa mbere / lundi
kuwa kabiri / mardi
kuwa gatatu / mercredi
kuwa kane / jeudi
kuwa gatanu / vendredi
kuwa gatandatu / samedi
kuwa mungu / dimanche

ejo haheze

hier

ubunyene

aujourd'hui

ejo hazoza

demain

mu gatondo

matin

sasita

midi

ku mugoroba

soir

MO	TU	WE	TH	FR	SA	SU
1	2	3	4	5	6	7
8	9	10	11	12	13	14
15	16	17	18	19	20	21
22	23	24	25	26	27	28
29	30	31	1	2	3	4

iminsi y' ibikorwa

jours ouvrables

MO	TU	WE	TH	FR	SA	SU
1	2	3	4	5	6	7
8	9	10	11	12	13	14
15	16	17	18	19	20	21
22	23	24	25	26	27	28
29	30	31	1	2	3	4

weekende

week-end

umwaka

année

umunywamazi
arc-en-ciel
imvura
pluie
urubura
neige
umuyaga
vent
igihe c' umwaka bita printemps
printemps
igihe c' umwaka bita Automne
automne
ici
été
igihe c' umwaka bita hiver
hiver

4.APRIL 11°
5.APRIL 4°
6.APRIL 13°
7.APRIL 8°
8.APRIL 10°

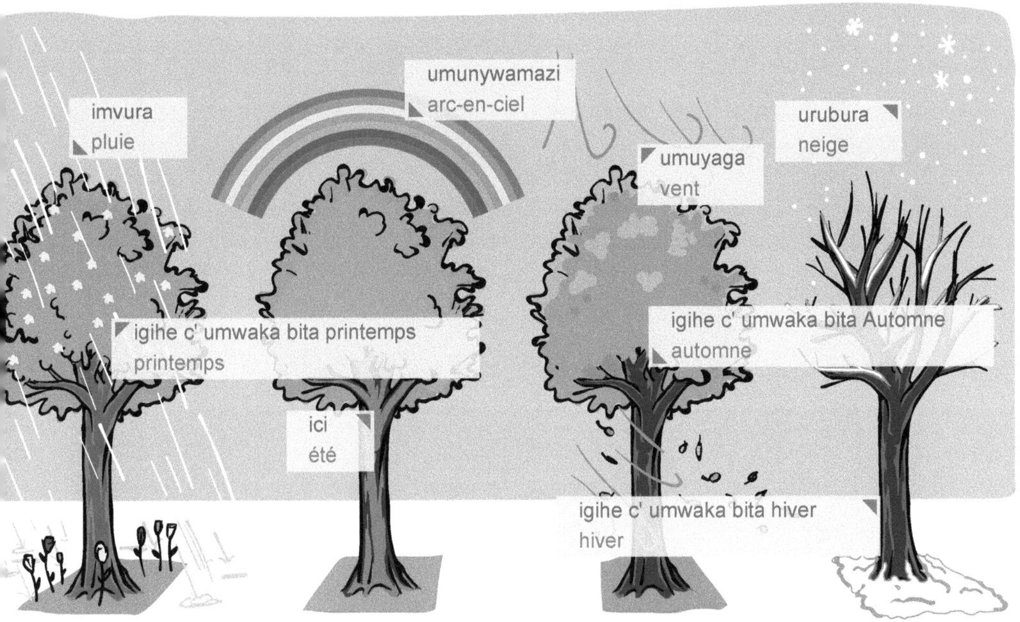

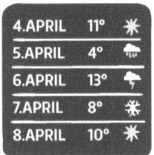

ikirangabihe

météo

F C
120 40
90 30
60 20
30 10
0 0
-30 -10
-20

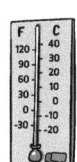

igipima ubushuhe bw' umubiri

thermomètre

ubuseruko bw' izuba

lumière du soleil

igicu

nuage

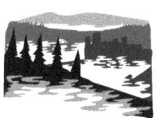

igipfungu

brouillard

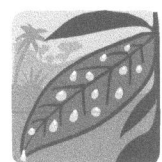

ifira

humidité

umuravyo

foudre

inkuba

tonnerre

igihuhusi

tempête

urubura

grêle

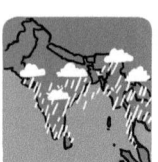

igihuhusi bita mousson

mousson

umwuzure

inondation

ibarafu

glace

nzero

janvier

ruhuhuma

février

ntwarante

mars

ndamukiza

avril

rusama

mai

ruhenshi

juin

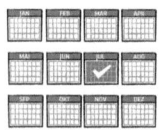

mukakaro

juillet

myandagaro

août

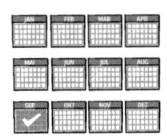

nyakanga

septembre

gitugutu

octobre

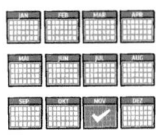

munyonyo

novembre

migarama

décembre

forume geometrike
formes

umuzingi

cercle

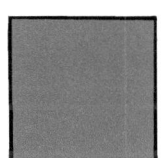

ikwadarato

carré

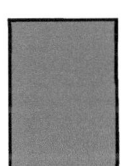

urikiramende

rectangle

inyabutatu

triangle

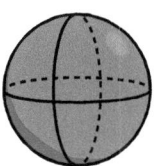

umubumbe

sphère

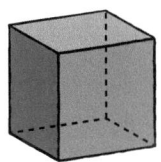

agasandugu

cube

ibara ryera

blanc

ibara ry' umuhondo

jaune

ibara risa n' umucungwe

orange

ibara rya rose

rose

ibara ritukura

rouge

ibara rya mauve

violet

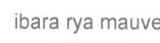

ibara ry' ubururu

bleu

ibara ry'icatsi kibisi

vert

ibara ry' igihogo

marron

ibara rya gris

gris

ibara ryirabura

noir

vyinshi / bikeyi

beaucoup / peu

washavuye / utekereje

fâché / calme

mwiza / mubi

joli / laid

intanguriro / iherezo

début / fin

kinini / gitoyi

grand / petit

gikeye / cijimye

clair / obscure

usaza w' umuntu / mushiki w' umuntu

frère / soeur

gisukuye / gicafuye

propre / sale

gikwiye / gicagatiye

complet / incomplet

umunsi / ijoro

jour / nuit

wapfuye / ariho

mort / vivant

cagutse / caga

large / étroit

kiryoshe / kibishe

comestible / incomestible

umutima mubi / umutima mwiza

méchant / gentil

anezerewe / arambiwe

excité / ennuyé

kivyibushe / conze

gros / mince

cambere / canyuma

premier / dernier

umugenzi / umwansi

ami / ennemi

cuzuye / kiri gusa

plein / vide

kigumye / coroshe

dur / souple

kiremereye / gihwahutse

lourd / léger

inzara / inyota

faim / soif

arwaye / akomeye

malade / sain

cemewe n'amategeko / kitemewe n'amategeko

illégal / légal

incabwenge / ikijuju

intelligent / stupide

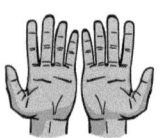

ibubamfu / iburyo

gauche / droite

hafi / kure

proche / loin

gishasha / gishaje

nouveau / usé

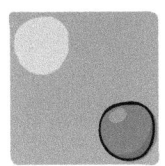

ntaco / kiriho

rien / quelque chose

umutama / urwaruka

vieux / jeune

kwatsa / kuzimya

marche / arrêt

kugurura / kugara

ouvert / fermé

gitekereje / gifise urwamo

faible / fort

umutunzi / umukene

riche / pauvre

nivyo / sivyo

correct / incorrect

kigoramye / kigororotse

rugueux / lisse

ashavuye / anezerewe

triste / heureux

kigufi / kirekire

court / long

kigenda bukebuke / kinyaruka

lent / rapide

gitose / cumye

mouillé / sec

gishushe buhoro / gikanye buhoro

chaud / froid

intambara / amahoro

guerre / paix

ikinyurane - oppositions

nombres

0

ubusa

zéro

1

rimwe

un / une

2

kabiri

deux

3

gatatu

trois

4

kane

quatre

5

gatanu

cinq

6

gatandatu

six

7

indwi

sept

8

umunani

huit

9

icenda

neuf

10

cumi

dix

11

cumi na rimwe

onze

12

cumi na kabiri

douze

13

cumi na gatatu

treize

14

cumi na kane

quatorze

15

cumi na gatanu

quinze

16

cumi na gatandatu

seize

17

cumi n' indwi

dix-sept

18

cumi n' umunani

dix-huit

19

cumi n' icenda

dix-neuf

20

mirongo ibiri

vingt

100

ijana

cent

1.000

igihumbi

mille

1.000.000

umuriyoni

million

Icongereza

anglais

Icongereza co muri Amerika

anglais américain

Mandare kivugwa mu bushinwa

chinois mandarin

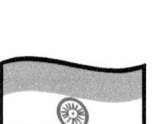

Igihinde

hindi

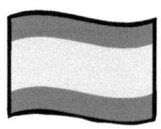

Ikispaniya

espagnol

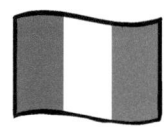

Igifaransa

français

Icarabu

arabe

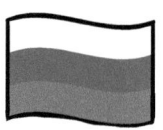

Ikirusiya

russe

Igiporitigare

portugais

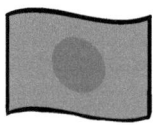

Ikibengare

bengali

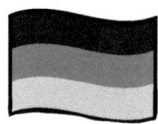

Ikidage

allemand

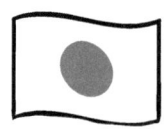

Ikiyapani

japonais

jewe
je

wewe
tu

we / we / co
il / elle / ce, c', cela

twebwe
nous

mwebwe
vous

bo
ils / elles

inde?
Qui ?

iki?
Quoi ?

gute?
Comment ?

hehe?
Où ?

ryari?
Quand ?

izina
nom

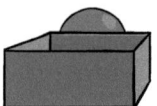

inyuma ya

derrière

indani ya

dans

imbere ya

devant

hejuru ya

au-dessus

ku

sur

munsi ya

en-dessous

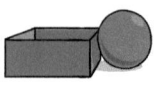

mu mbavu ya

à côté de

hagati ya

entre

ikibanza

lieu